RECUEIL

DES

DECLARATIONS DU ROI,

ARRESTS DU CONSEIL,

LETTRES PATENTES,

ET DE PLUSIEURS ARRESTS

DE LA COUR DES AYDES:

Intervenus en faveur des Offices de Conseillers, Avocat du Roi & de Procureur de Sa Majesté en l'Election de Paris.

Pour servir de Supplément au Code des Tailles.

Avec des Notes & Observations sur les nouvelles tentatives des Officiers de l'Election de Paris, contre l'autorité du Conseil & de la Cour des Aydes.

A PARIS,

Chez Prault pere, Imprimeur des Fermes & Droits du Roi, Quai de Gêvres au Paradis.

M. DCC. LVII.

AVERTISSEMENT.

COMME le but de cet Ouvrage est d'instruire les Ministres & les Juges, devant lesquels le sieur Satis est menacé d'être encore traduit, & de désabuser tous ceux qui pourroient être prévenus défavorablement, parce qu'ils ne sont pas informés des véritables circonstances des objets de contestations qui subsistent depuis dix années, entre Messieurs les Officiers de l'Election & le sieur Satis, on a cru nécessaire de joindre aux Piéces quelques Observations, qui développeront l'origine & le fondement des demandes du sieur Satis, les différentes contestations qu'il a éprouvé, & les Réglemens qu'il a obtenu à son avantage, & qui le rétablissent dans tous les droits, honneurs, fonctions & prérogatives attribués aux Offices qu'il exerce à la satisfaction des Ministres & de ses Supérieurs, depuis qu'il en est pourvû.

Le sieur Satis n'a point eu pour objet l'agrandissement de ses droits, mais de connoître la nature & l'étendue de ceux qui lui appartenoient, dont ses Prédécesseurs avoient joui *ou dû jouir*, & qui pouvoient avoir été entamés, par la vacance de ses Offices, pendant les années qu'elles avoient été exercées (par Commission), par l'un des Conseillers de l'Election : On verra par les Observations qui seront faites à la suite des différens Jugemens qui forment ce Recueil, si le sieur Satis a eu raison de ne pas s'en rapporter aux parts qui lui avoient été distribuées dans les droits communs.

C'est en 1747. que le sieur Satis a été reçû aux Offices de Conseiller & Avocat du Roi, & de Procureur de Sa Majesté en l'Election de Paris. Il lui fut présenté dans le courant de cette année quelques états de répartitions de différentes sommes & droits communs pour les émarger & recevoir la part que Messieurs de l'Election avoient bien voulu lui accorder; il remarqua avec étonnement qu'il n'y étoit compris que pour un de ses Offices, il en fit l'observation, à laquelle il lui fut répondu qu'il y seroit suppléé; il se contenta de cette réponse,

mais s'étant écoulé une année entière sans en avoir vû l'effet;
il crut devoir & pouvoir faire ses réprésentations à la Compagnie; il lui demanda la communication de quelques États de
répartitions anciens & nouveaux, pour constater ce que ses
Prédécesseurs avoient reçû, & il observa en général qu'il devoit
y être compris pour deux parts, puisqu'il étoit pourvû de deux
Offices distincts & séparés, à raison desquels ses Prédécesseurs
avoient contribué à toutes les *charges onéreuses*, & qu'il acquit-
toit encore personnellement *dans ses deux qualités*.

Comme on ne pouvoit lui refuser ouvertement les commu-
nications qu'il demandoit, on se contenta d'employer différens
prétextes pour s'en dispenser, & plus de six mois écoulés sans
avoir pû les obtenir, le sieur Satis s'adressa à un Magistrat,
autant éclairé que disposé à la consiliation; il en parla au sieur
Huet, Trésorier de le Compagnie, qui n'osant pas opposer de
moyens à une demande aussi juste, promit de donner par lui-
même tous les éclaircissemens que le sieur Satis pouvoit dé-
sirer, le jour & l'heure furent convenus, mais le sieur Huet se
disculpa par une Lettre missive (*a*), dans laquelle il déclaroit
nettement que sa Compagnie l'avoit désavoué.

Ce débat annonçoit, que Messieurs les Officiers de l'Election ne vouloient pas que le sieur Satis prît connoissance de
l'étendue de ses droits, & autorisoit des soupçons, qui dès ce
moment devoient engager le sieur Satis à se pourvoir par les
voyes ordinaires; cependant il crut devoir prendre encore le
parti de s'adresser à M. le Procureur Général de la Cour des
Aydes, il lui remit ses Mémoires, ce Magistrat voulut bien s'en
charger, il les remit à Messieurs les Officiers de l'Election,
qui promirent de les lui rapporter incessamment avec leur observation; plus de deux mois se passerent après lesquels les Mémoires furent rendus, & la réponse fut, que le sieur Satis pouvoit se pourvoir comme il jugeroit à propos. Il est inutile
de faire aucunes réflexions sur une conduite aussi extraordinaire,
vis-à-vis de Supérieurs qui veulent bien se prêter à une conci-
liation, dans des circonstances où Messieurs les Officiers de
l'Election devoient eux mêmes se rendre à la justice qui leur
étoit demandée.

(*a*) Il est en état de la représenter.

Le sieur Satis prit enfin le seul parti qui lui restoit ; il fit assigner Messieurs les Officiers de l'Election en la Cour des Aydes, aux fins des conclusions préliminaires qu'il étoit en état de prendre, eu égard au peu de connoissance qu'il avoit des droits attribués à ses Offices, & comme il étoit plus particulierement animé du bien public, il fit aussi signifier un projet de Réglement pour l'observation & le maintien du bon ordre dans la distribution de la Justice, & du service auxquels les différens Officiers sont assujettis.

Ces différens objets de demandes furent évoqués au Conseil, par un Arrêt sur Requête obtenu par Messieurs les Officiers de l'Election, le sieur Satis s'y présenta, il forma ses demandes, sur lesquelles il a été statué par l'Arrêt définitif du 28 Octobre 1754. dont on se contentera de rapporter le dispositif, parce que Messieurs les Officiers de l'Election l'ont fait imprimer en entier, qu'ils l'ont distribués, & le distribuent encore.

EXTRAIT DES REGISTRES
du Conseil d'Etat du Roi.

Du 28 Octobre 1754.

VEU au Conseil d'Etat du Roi, l'Arrêt rendu en icelui le 15 Décembre 1750. (a) sur les Requêtes des Premier Président, Lieutenant, Assesseur, & Conseillers en l'Election de Paris, la premiere tandante, &c.

LE ROI EN SON CONSEIL, faisant droit sur le tout, a ordonné & ordonne, Que la main-levée provisoire accordée aux Officiers de l'Election, par l'Arrêt du 15 Décembre 1750. des saisies & oppositions faites par le sieur Satis, à la délivrance des deniers *à eux appartenans*, (b) ensemble les défenses pareillement provisoires prononcées par l'Arrêt du 20

(a) Cet Arrêt intervenu sur Requête non communiquée, fait par provision main-levée des oppositions que le sieur Satis avoit fait pour la conservation de ses droits.

(b) Le sieur Satis n'ayant saisi que ceux qui lui appartenoient, ses oppositions subsistent.

Février 1753. seront & demeuront pures simples, & définitives; ce faisant, & conformément aux Edits, Déclarations, Arrêts & autres Réglemens du Conseil, Sa Majesté a maintenu & maintient les Officiers de l'Election, dans le droit & possession d'assister les Commis des Fermes & ceux de la Marque d'Or & d'Argent & autres Sous-Fermes, dans les visites & recherches des fraudes qui peuvent se commettre dans la Ville, Fauxbourgs & Ressort de l'Election de Paris, de recevoir les affirmations des Procès-verbaux desdits Commis, rendre les Ordonnances provisoires, & faire toutes autres fonctions relatives & nécessaires; Fait Sa Majesté défenses audit sieur Satis, de les y troubler & de s'immiscer dans aucunes autres fonctions que celles attachées à l'Office de Substitut du Procureur Général de Sa Majesté en la Cour des Aydes, à peine de nullité, & de dépens, dommages & intérêts, tels que de droit; en conséquence, ayant aucunement égard à la Requête des Officiers de l'Election du 21 Mars dernier : Ordonne Sa Majesté, que les sommes auxquelles se trouveront monter les émolumens des visites que le sieur Satis a faites à la faveur des Arrêt & Lettres Patentes des premier & 8 Janvier 1754. annullés par l'Arrêt du Conseil du 19 Février suivant, pour les droits, tant des Fermes Générales que des Sous-Fermes, & notamment de celle de la Marque d'Or & d'Argent, seront rapportées à la bourse commune des Officiers de l'Election : A quoi faire ledit sieur Satis, s'il a touché lesdits émolumens, ou tous autres Débiteurs, seront contraints, quoi faisant déchargés; Fait en outre Sa Majesté défenses au sieur Satis d'exiger dans les répartitions des droits communs au corps des Officiers de l'Election, autres & plus grandes parts que celles perçûes par ses Prédécesseurs : & sur le surplus des demandes, fins & conclusions des Parties, Sa Majesté les a mis & met hors de Cour, dépens compensés : Condamne néanmoins, Sa Majesté, ledit sieur Satis au coût du présent Arrêt, que Sa Majesté a liquidé & liquide à la somme de 200 livres, non compris le droit de Controlle, & seront pour l'exécution du présent Arrêt *toutes Lettres nécessaires expédiées*. FAIT au Conseil d'Etat du Roi, tenu à Fontainebleau le vingt-huit du mois d'Octobre mil sept cens cinquante-quatre. Collationné. *Signé*, EYNARD, avec paraphe.

OBSERVATIONS *sur l'Arrêt ci-dessus.*

Il a été expédié sur cet Arrêt des Lettres Patentes, adressées à la Cour des Aydes, lesquelles lui ayant été présentées par le Procureur du Roi, avec une Requête en interprétation & explication des Réglemens intervenus en faveur des Offices dont il étoit pourvû; la Cour des Aydes après le plus grand examen, crut devoir faire des représentations, fondées sur les obstacles qui s'opposoient à l'engistrement de ces Lettres Patentes.

M. de Séchelles, a qui M. le Premier Président fit le rapport de ces représentations, décida qu'il seroit rendu une Déclaration du Roi, qui fixeroit les fonctions & droits appartenans aux Offices de Conseiller & Avocat du Roi & de Procureur de Sa Majesté en l'Election de Paris, dont le projet seroit fait par la Cour des Aydes; qu'elle statueroit par elle-même sur le surplus des demandes du sieur Satis (*a*), (suivant le droit qu'elle en avoit, & dans lequel elle avoit été confirmée par *Arrêt du Conseil du* 13 *Décembre* 1672.) ainsi, dès ce moment l'Arrêt du 28 Octobre 1754. fut considéré comme non avenu, & il y a été formellement dérogé par la Déclaration du Roi du 9 Septembre 1756. ainsi qu'il sera facile de le reconnoître par la lecture de cette Déclaration.

DECLARATION DU ROI,

QUI confirme les droits & fonctions attribués aux Offices de Conseiller & Avocat du Roi, & de Procureur de Sa Majesté en l'Election de Paris.

Du 9 Septembre 1756.

Registrée en la Cour des Aydes le 20 desdits mois & an.

LOUIS, par la grace de Dieu, Roi de France & de Navarre : A tous ceux qui ces présentes Lettres verront : SALUT. Les contestations qui s'étoient élevées entre les Pré-

(*a*) Les représentations de la Cour des Aydes, & la décision de M. de Séchelles, sont dans les Bureaux de M......

sident & Conseillers de l'Election de Paris, & notre Procureur
en la même Election, au sujet de leurs différentes fonctions &
dès émolumens de leur Office, *n'ayant été terminées qu'en
partie* par l'Arrêt que Nous avons rendu en notre Conseil le 28
Octobre 1754. sur lequel Nous avons fait expédier nos Lettres
Patentes, Nous avons jugé qu'il étoit nécessaire d'expliquer nos
intentions d'une maniere qui puisse prévenir tout sujet de dis-
pute entre nosdits Officiers, afin que l'attention qu'ils doivent
aux affaires du Public ne soit point distraite par le soin de faire
valoir leurs droits & leurs prérogatives; & comme par une
distinction particuliere à l'Election de Paris, l'Office de notre
Conseiller & Avocat en icelle a été conservé par l'Edit du 9
Mars 1654. qui a supprimé semblables Offices dans toutes les
autres Elections, & que notre Procureur en ladite Election se
trouve en même temps revêtu dudit Office de notre Avocat,
auquel il a été ci-devant réuni un Office, ensemble les fonctions
de Conseiller en ladite Election, Nous avons résolu de fixer les
fonctions appartenantes auxdits Offices, soit pendant le temps
qu'ils resteront sur une seule & même tête, soit pour le cas où ils
seroient possédés par deux différentes personnes. A CES CAUSES,
& autres à ce Nous mouvans, de l'avis de notre Conseil, & de
notre certaine science, pleine puissance & autorité Royale,
Nous avons par ces présentes signées de notre main, dit, déclaré
& ordonné, disons, déclarons & ordonnons, voulons & Nous
plaît ce qui suit.

ARTICLE PREMIER.

NOUS avons maintenu & maintenons notre Procureur en
l'Election de Paris, dans tous les droits, priviléges & prérogatives à lui attribués, & aux pourvûs de semblables Offices, par
les Ordonnances, Edits, Déclarations, Arrêts & Réglemens
intervenus en conséquence.

II.

ORDONNONS que l'Edit d'Août 1578. & la Déclaration
du 25 Mars 1582. seront exécutés selon leur forme & teneur,
& en conséquence, que les qualités & fonctions de Conseiller
en ladite Election demeureront unies, jointes & incorporées
audit Office de notre Avocat audit Siége, pour en jouir conjointement

jointement & inséparablement ; lequel notre Avocat aura entrée,
séance & voix délibérative selon l'ordre de sa réception, avec
& comme les autres Conseillers, tant à l'Audience, Chambre
du Conseil, que par tout ailleurs ; prendra part ès distributions,
Rapports, Instructions & Jugemens des Procès, esquels Nous
ne serons partie & n'aurons intérêt, & esquels il n'y aura conclusions prises ou à prendre par le Ministere public ; aura département des Paroisses pour faire les chevauchées ; assistera avec
nosdits Elûs ès assiettes & départemens de nos Tailles & autres
deniers ; signera & vérifiera tous les Rolles ; jouira de tels &
semblables droits & taxations, épices & émolumens, & tous
autres profits, honneurs, priviléges & prérogatives dont jouis-
sent nosdits Elûs, & généralement fera toutes les mêmes fonctions que les autres Conseillers en ladite Election, & aura part
comme l'un d'eux dans toutes les distributions, réportitions, revenans bons & autres sommes qui entrent en bourse commune
& se partagent entre lesdits Officiers, excepté néanmoins dans
les épices des Procès esquels, comme il a été dit ci-dessus, Nous
serons partie & aurons intérêt, ou esquels il y aura conclusions
prises par le Ministere public.

I I I.

MAINTENONS notredit Procureur dans la faculté de pouvoir posséder, conjointement avec sondit Office, celui de notre
Conseiller & Avocat en ladite Election, nonobstant tous Réglemens à ce contraires, auxquels Nous avons ci-devant dérogé,
& en tant que de besoin, dérogeons par ces Présentes ; & néanmoins, attendu l'incompatibilité des fonctions de notre Procureur avec celles de Juges attribuées par lesdits Edits à notre
Avocat, Voulons que tant que lesdits Offices de notre Procureur & de notre Avocat, seront possédés par une seule & même
personne, elle ne puisse exercer les fonctions de Conseiller en
ladite Election unies audit Office de notre Avocat, mais seulement celles attribuées audit Office de notre Avocat & à celui
de notre Procureur ; & cependant jouira de tous les émolumens
déclarés par l'Article précédent appartenir à l'Office de Conseiller uni à celui de notredit Avocat.

I V.

MAINTENONS les Président, Lieutenant, Assesseur &

Conseillers, ensemble notre Avocat en ladite Election, lorsque son Office ne sera point possédé par notre Procureur, dans le droit & possession d'être appellés seuls dans le cas où les Commis de nos Fermes & ceux de la Marque d'Or & d'Argent, & autres Sous-Fermes, se feront assister d'un Juge pour la visite & recherche des fraudes qui peuvent se commettre dans la Ville, Fauxbourgs & Ressort de notre Election de Paris, de recevoir les affirmations des Procès-verbaux desdits Commis, rendre les Ordonnances provisoires, & faire toutes autres fonctions de Juges, sans préjudice néanmoins de l'exécution des Articles premier, IV. & XVII. de notre Ordonnance de Février 1687. & des Lettres Patentes du 13 Août 1726. suivant lesquels, en cas d'absence des Marchands & Voituriers, notredit Procureur sera appellé seul aux Procès-verbaux de description des Marchandises saisies qui auront été abandonnées par les Marchands & Voituriers, & qui ne seront point réclamées dans la huitaine; ensemble aux Procès-verbaux d'ouverture & description, & à ceux de vente des Balles, Ballots, Caisses & toutes autres sortes de Paquets de Marchandises & Effets portés dans les Douannes, & qui n'en ont point été retirées dans deux ans après qu'ils y auront été portés & remis. Faisons défenses aux Commissaires du Châtelet & autres, de s'immiscer dans les fonctions de nosdits Officiers de l'Election & de notre Procureur, & à nos Fermiers de les introduire, conformément à l'Arrêt de notre Cour des Aydes du 13 Octobre 1752.

V.

DÉCLARONS au surplus n'avoir entendu par le précédent Article, préjudicier au droit qu'a notredit Procureur *de procéder à la recherche des fraudes*, & d'être appellé aux Procès-verbaux avec les Juges de l'Election, lorsque son ministere sera nécessaire. SI DONNONS EN MANDEMENT à nos amés & féaux les Gens tenans notre Cour des Aydes à Paris, que ces Présentes ils ayent à faire lire, publier & registrer, & le contenu en icelle, observer & exécuter selon leur forme & teneur, nonobstant toutes choses à ce contraire (a) : CAR tel est notre plaisir. En témoin de quoi, Nous avons fait mettre notre Scel à cesdites Pré-

(a) Dérogation à l'Arrêt du 28 Octobre 1754. Comment seroit il possible d'en ordonner l'exécution.

fentes. Donné à Versailles le neuviéme jour de Septembre, l'an de grace mil sept cent cinquante six, & de notre régne le quarante deuxiéme. Signé, LOUIS. Et plus bas: Par le Roi. R. DE VOYER, avec grille & paraphe. Et scellé du grand Sceau de cire jaune.

Régistrée en la Cour des Aydes, oüi, le Procureur Général du Roi, pour être exécutée selon sa forme & teneur. Fait à Paris en la Premiere Chambre de ladite Cour des Aydes le 20 Septembre 1756. Signé, DESORMEAUX, avec grille & paraphe.

OBSERVATIONS sur l'Article V.

Les Commis des Fermes Générales qui sont dispensés dans certains cas de se faire assister d'aucun Officier, prétendoient que lorsqu'ils appelloient un Elû ou un Commissaire du Châtelet, pour rendre des Ordonnances, &c. ils étoient dispensés d'appeller le Procureur du Roi, en cas d'absence des Parties saisies, &c. Cette prétention avoit été condamnée par Arrêt de la Cour des Aydes du 13 Octobre 1752. & l'Article V. de la Déclaration du Roi, en confirmant cet Arrêt, a déterminé que l'assistance d'un Elû ne dispensoit pas de celle du Procureur du Roi, qui devoit être appellé aux Procès-verbaux *avec les Juges, lorsque son ministere seroit necessaire.* Ceci ne doit s'entendre que dans le seul cas où les Commis des Fermes Générales ne sont pas assujettis à se faire assister d'un Officier dans leur visites & recherches des fraudes, autrement ils doivent toujours se faire assister du Procureur Roi, sauf la réquisition d'un Juge s'il y avoit lieu.

ARREST DU CONSEIL D'ÉTAT DU ROI,

QUI interprete en faveur du Procureur du Roi de l'Election de Paris, la Déclaration du Roi du 9 Septembre 1756.

Du 19 Juillet 1757.

Extrait des Regiſtres du Conseil d'Eſtat.

LE ROI s'étant fait repréſenter les Articles IV. & V. de sa Déclaration du 9 Septembre 1756. par lesquels les Préſident, Lieutenant & Conseillers, ensemble son Avocat en l'Election de Paris, sont maintenus dans le droit d'être appellés seuls dans les cas où les Commis des Fermes se feroient assister d'un Juge pour les visites & recherches des fraudes, & son Procureur dans le droit d'y procéder. Et étant informé que les Commis de la Marque & Controlle sur les Ouvrages d'Or & d'Argent, négligent de se faire assister de sondit Procureur dans leurs visites & recherches des fraudes, *d'où dépendent également & la conservation desdits Droits de Marque & Controlle & la sûreté du public, qui ne doivent pas être confiés à la seule vigilance desdits Commis;* à quoi Sa Majesté voulant pourvoir. Oüi le Rapport du sieur Peirenc de Moras, Conseiller ordinaire au Conseil Royal, Controlleur Général des Finances.

LE ROI ETANT EN SON CONSEIL, & interprétant, en tant que besoin est ou seroit, les Articles IV. & V. de sa Déclaration du 9 Septembre 1756. qui sera au surplus exécutée selon sa forme & teneur, a ordonné & ordonne que les Commis de la Ferme de la Marque & Controlle sur les Ouvrages d'Or & d'Argent, se feront assister du Procureur de Sa Majesté en l'Election de Paris, lors de leurs visites & recherches des fraudes qui se commettent dans les Villes, Fauxbourgs & Election de Paris, sauf à requérir l'assistance de l'un des autres Officiers de ladite Election, *dans les cas qui exigeront les fonctions de Juges,* ou pour substituer sondit Procureur, en cas d'absence, maladie ou autre légitime empêchement.

Veut & ordonne, Sa Majesté, que les Procès-verbaux faits ou attestés véritables par sondit Procureur, ou par celui des autres Officiers le substituant, soient valables, sans que les Commis soient obligés de les affirmer devant aucun Juge, conformément à l'Arrêt du 22 Octobre 1718 & Lettres Patentes données sur icelui le 16 Novembre suivant. Et seront sur le présent Arrêt toutes Lettres nécessaires expédiées. FAIT au Conseil d'Etat du Roi, tenu à Compiegne le dix-neuviéme jour du mois de Juillet mil sept cens cinquante-sept. Collationné.

Signé, DE VOUGNY.

LETTRES PATENTES

SUR l'Arrêt du 19 Juillet 1757.

Et Arrêt d'enregistrement de la Cour des Aydes.

Des 19 Juillet & 12 Août 1757.

LOUIS, par la grace de Dieu, Roi de France & de Navarre : A nos amés & féaux Conseillers, les Gens tenans notre Cour des Aydes à Paris, & autres nos Officiers qu'il appartiendra : SALUT. Nous étant fait représenter les Articles IV. & V. de notre Déclaration du 9 Septembre 1756. par lesquels les Président, Lieutenant & Conseillers, ensemble notre Avocat en l'Election de Paris, sont maintenus dans le droit d'être appellés seuls, *dans les cas où les Commis des Fermes*, se seroient assister d'un Juge pour les visites & recherches des fraudes, & notre Procureur dans le droit d'y procéder ; & étant informé que les Commis de la Marque & Controlle sur les Ouvrages d'Or & d'Argent, négligent de se faire assister de notredit Procureur dans leur visites & recherches des fraudes, d'où dépendent également & la conservation desdits droits de Marque & Controlle, & la sûreté du public qui ne doivent pas être confiés à la seule vigilance desdits Commis, Nous y avons pourvu par Arrêt de notre Conseil du 19 de ce mois, & ordonné que pour l'exécution d'icelui toutes Lettres nécessaires seroient expédiés.

A CES CAUSES, de l'avis de notre Conseil qui a vû ledit Arrêt de notre Conseil du 19 des présent mois & an, ci attaché sous le contre-Scel de notre Chancellerie, & en interprétant en tant que besoin est ou seroit, les Articles IV. & V. de notre Déclaration du 9 Septembre 1756. qui sera au surplus exécutée selon selon sa forme & teneur : Nous avons, conformément audit Arrêt, ordonné, & par ces Présentes, signées de notre main, Ordonnons que les Commis de la Ferme de la Marque & Controlle sur les Ouvrages d'Or & d'Argent, se feront assister de notre Procureur en l'Election de Paris, lors de leur visites & recherches des fraudes qui se commettent

dans les Ville, Fauxbourgs & Election de Paris, sauf à requérir l'assistance de l'un des autres Officiers de ladite Election,
dans les cas qui exigeront les fonctions de Juge ou pour substituer notredit Procureur en cas d'absence, maladie ou autre
légitime empêchement. Voulons & ordonnons, que les Procès-verbaux faits ou attestés véritables par notredit Procureur,
ou par celui des autres Officiers le substituant, soient valables,
sans que les Commis soient obligés de les affirmer devant aucun Juge, conformément à l'Arrêt du 22 Octobre 1718. &
Lettres Patentes données sur icelui le 16 Novembre suivant.
Si vous mandons, que ces Présentes vous ayez à faire
regiftrer, & le contenu en icelles faire exécuter, garder & observer, cessant & faisant cesser tous troubles & empêchemens
à ce contraires : Car tel est notre plaisir. Donne' à Compiegne
le vingt-neuviéme jour de Juillet mil sept cens cinquante-sept,
& de notre régne, le quarante-deuxiéme. *Signé*, LOUIS. *Et
plus bas.* Par le Roi, PHELYPEAUX. Et scellées du grand
Sceau de cire jeaune.

*Regiftrées en la Cour des Aydes, ouï, le Procureur Général du Roi, pour
être exécutées felon leur forme & teneur. Sous préjudice néanmoins du droit
qu'ont les Président, Lieutenant & Elûs en l'Election de Paris, d'assister aux
Procès-verbaux des Commis dans les cas prévûs par les Ordonnances, Edits
& Déclarations dûement enregiftrés, Arrêts & Réglemens de la Cour. Fait
à Paris, en la premiere Chambre de ladite Cour des Aydes le 12 Août 1757.
Collationné. Signé, BERNIN, avec grille & paraphe.*

OBSERVATIONS.

1°. Les Officiers de l'Election ne doivent être appellés
qu'aux Procès-verbaux, par conséquent ils n'ont pas droit d'assister (comme ils le prétendoient) les Commis des Fermes
lors qu'à l'occasion de leurs visites & recherches des fraudes, il
ne se fait pas de Procès-verbaux.

2°. Les Elûs ne doivent assister aux Procès-verbaux, que
dans les cas prévûs par les Ordonnances, Edits & Déclarations du Roi dûement enregiftrés, Arrêts & Réglemens de la
Cour, ce qui s'entend aux termes de l'Article IV. de la Déclaration du Roi du 9 Septembre 1756. pour rendre les Ordonnances provisoires, & faire toutes autres fonctions de Juges.

Si l'on se renferme dans le motif exprimé dans le préambule de l'Arrêt du Conseil (*a*), qui s'accorde avec les Edits, Déclarations & Réglemens (*b*), on reconnoîtra que la Déclaration du Roi, du 9 Septembre 1756. l'Arrêt du Conseil qui l'interpréte, & celui de la Cour des Aydes du 12 Août 1757. ne pouvoient que se réunir comme ils ont fait, pour confirmer le Procureur du Roi dans le droit d'assister les Commis des Fermes dans leurs visites & recherches des fraudes, & les Elûs dans celui d'être appellés comme Juges dans les cas où il s'agiroit de rendre des Ordonnances, toute autre fonction leur étant étrangere & interdite.

ARREST DE REGLEMENT
DE LA COUR DES AYDES.

Du 15 Mars 1757.

Extrait des Registres de la Cour des Aydes.

LOUIS, par la grace de Dieu, Roi de France & de Navarre : Au premier des Huissiers de notre Cour des Aydes à Paris, ou autre Huissier ou Sergent sur ce requis : Sçavoir, faisons. Que vû par notredite Cour des Aydes la Requête à elle présentée par notre Procureur Général, contenant que les difficultés qui se sont élevées entre les Président, Lieutenant, Assesseur & Conseillers de l'Election de Paris, d'une part, *& Me. Jean-Claude Satis, pourvu des deux Offices, l'un de Conseiller & Avocat pour Nous, réservé pour la seule Election de Paris par l'Edit du 9 Mars 1654. & l'autre de Procureur pour Nous en ladite Election,* d'autre, étant capable

(*a*) La conservation des Droits du Roi & la sûreté du Public, ne doivent pas être confiés à la seule vigilance des Commis.

(*b*) Edit de Philippes le Bel 1302. *insuper jurabunt Procuratores nostri jura nostra bonâ fide requirere.* L'Article II. de l'Ordonnance des Eaux & Forêt de 1597. L'Edit du mois d'Août 1622. Autre Edit du mois de Novembre 1655. les Lettres Patentes intervenues en faveur du Procureur du Roi au mois de Juin 1661. &c.

de troubler l'ordre & l'union qui doit régner entre tous les Officiers, il croit devoir proposer de faire un Réglement qui puisse, par sa sagesse, maintenir cet ordre & cette union si nécessaires pour le bien du service, auquel Nous avons déjà pourvû en partie par notre Déclaration du 9 Septembre 1756. régistrée en notredite Cour le 20 du même mois (a). Dans ces circonstances, requiert notre Procureur Général, qu'il plaise à notredite Cour ordonner en premier lieu, que tous les Officiers se trouveront les jours & heures ordinaires & les plus convenables, tant aux Audiences qu'aux Rapports, en la Chambre du Conseil, avec le Greffier, s'ils n'ont causes légitimes pour s'en abstenir, & que Me. Satis sera averti par un Huissier, avant l'ouverture desdites Audiences, & reconduit par ledit Huissier en son Parquet, auxquelles Audiences & Chambre du Conseil, tous lesdits Officiers seront tenus d'assister en robe & bonnet quarré, même le Greffier, à peine d'interdiction. En second lieu, que ledit Satis donnera ses Conclusions de vive voix ou par écrit généralement dans toutes les Causes, Instances, Procès & autres Affaires qui seront jugées à l'Audience ou par Rapport en la Chambre du Conseil de ladite Election, dans lesquelles Nous, nos Fermiers, Receveurs & Commis, l'Eglise, les Communautés, les Mineurs, Interdits & Absens auront intérêt; qu'il aura encore communication des Requêtes & Affaires concernant les réélections des Taxes des Particuliers, nullité de Cote, Translations de domiciles, Instances d'ordre & de distribution de deniers, quand lesdits Fermiers, Receveurs ou leurs Commis y seront Parties pour raison des Droits concernant lesdites Fermes & Recettes, même les Collecteurs pour la Taille, nomination & décharges des Collecteurs & Procureurs, Syndics, élargissemens des Collecteurs emprisonnés à la Requête des Receveurs, modérations des Cotes, rejets de non-valeur & autres impositions extraordinaires, demandes en solidité contre les Paroisses par insolvabilité ou absence des Collecteurs, confiscations, conflits de Juridiction, contestations sur la validité des démissions ou donations, ensemble de leur enrégistrement, demandes

____

(a) L'Arrêt du 28 Octobre 1754, avoit prononcé un hors du Cour sur ce Réglement.

à

à fin de confection de nouveaux Rolles, réformations d'abus, additions à iceux, rolles des Particuliers, cotisations obmises, radiations de Particuliers, cotisés en cas de Priviléges, pour par lui donner ses Conclusions; défendre aux Officiers de rendre aucunes Sentences dans lesdits cas, contradictoirement ou par défaut, sans que ledit Satis en ait eu communication & ait donné ses Conclusions, & au Greffier de les délivrer & signer, que après lesdites Conclusions données & mentions faites d'icelles avant la prononciation, à peine de nullité & de tous dépens, dommages & intérêts. En troisiéme lieu, que toutes les Instances & Affaires criminelles seront communiquées audit Satis pour donner ses Conclusions, sans qu'auparavant les Officiers de ladite Election puissent donner aucuns Décrets, Réglemens à l'extraordinaire, ni rendre aucunes Sentences interlocutoires ou définitives, & que le Greffier les puisse délivrer qu'après avoir fait mention des Conclusions dudit Satis, lequel ne pourra conclure sur les dépens. En quatriéme lieu, que toutes les Requêtes à fin délargissement de Prisonniers, enregistrement de Priviléges, annobissement, réhabilitation de noblesse, Lettres d'attière, Baux généraux & particuliers de nos Fermes & Sous-Fermes, permission de faire égale, rejets de non-valeur, Requêtes à fin d'omologation d'Acte de démissions de biens, enthérinement de Priviléges, apposition & levée des Scellés, interrogatoires, transports & descentes dans les Bureaux & autres lieux publics, demandes à fin de main-levée & décharge, modération & condamnation d'amende, lui seront pareillement communiquées. Cinquiémement, que ledit Satis pourra faire ès Audience & Chambre du Conseil toutes réquisitions & remontrances qu'il jugera à propos pour notre intérêt & le devoir de ses Charges, sur lesquelles les Officiers de ladite Election seront tenus de statuer; enjoindre au Greffier de rédiger par écrit lesdites réquisitions & remontrances telles qu'elles lui auront été dictées ou données par écrit par ledit Satis. Sixiémement, que toutes les Causes où ledit Satis sera seul partie en sesdites qualités, seront appellées les premieres à l'Audience avant celles des autres Parties, seront les Avocats & Procureurs tenus de lui communiquer la veille des jours d'Audience les affaires sujettes à communication, & ledit Satis pourra retenir

C

les pieces quand la matiere le requerera, jusqu'à l'Audience
prochaine sans que lesdits Officiers les puissent juger ni appointer
qu'après l'avoir oüi en ses Conclusions. Septièmement, que
ledit Satis en sadite qualité de notre Procureur, pourra faire la
visite des Prisonniers toutesfois & quant il le jugera à propos,
& sera statué ce qui sera avisé de convenable sur le rapport
qu'il fera de l'état & des besoins des Prisonniers. Huitièmement,
que lesdits Officiers seront tenus de faire leurs Chevauchées
suivant & aux termes de nos Edits & Déclarations bien & duement vérifiées en notredite Cour, Arrêts & Réglemens; leur
enjoindre de mettre leurs Procès-verbaux au Greffe de ladite
Election incessamment & sans délai pour en prendre communication par ledit Satis, lequel assistera aux descentes & visites
à faire dans ses Paroisses où les Communautés & autres auront
intérêt. Neuvièmement, que le Greffier de ladite Election
sera tenu de délivrer sans frais audit Satis toutes les Expéditions
des Affaires où il sera seul partie dont il aura besoin pour l'e-
xercice de ses Charges, & de lui communiquer les minutes des
Sentences, Procès-verbaux, Informations & autres Actes sitôt
qu'il en sera par lui requis, pour y prendre telles Conclusions
qu'il jugera à propos; comme aussi les Huissiers de ladite Election seront tenus de faire les Significations nécessaires dont il
les requerera, dans les Affaires où il sera seule partie pareillement sans frais, à peine contre lesdits Greffier & Huissiers d'interdiction de leurs Charges. Dixièmement, qu'il ne sera procédé
à ladite Election à la réception d'aucuns Greffiers, Commis au
Greffe, Procureurs, Huissiers, Receveurs des Tailles & leurs
Commis, ensemble des Officiers de la Communauté des Controlleurs & Visiteurs du Papier, ou autres Communautés qui
se font recevoir en ladite Election, qu'après que leurs Provisions ou Commissions auront été communiquées audit Satis, &
par lui pris des Conclusions sur icelles, & qu'il aura agréé les
Témoins qui seront entendus dans les informations de vie &
mœurs; que ledit Satis délivrera les Certificats de non-parenté
pour parvenir à l'obtention des Lettres de Provisions qui seront
expediées pour les Officiers de ladite Election. Onzièmement,
que les Sentences & Jugemens intervenus sur les Procès Criminels, soit que ledit Satis ait été seul partie ou partie jointe,

lui feront montrées & prononcées en fon parquet par le Greffier incontinent après qu'ils auront été rendus, defquelles prononciations & des réponfes qui y feront faites par ledit Satis, feront à l'inftant les Actes dreffés & inférés par le Greffier, le tout avant que lefdites Sentences & Jugemens puiffent être exécutés ni expédiés, & ce à peine de nullité, des dépens, dommages & intérêts & d'amende contre le Greffier. Douziémement, que le Greffier de ladite Election fera tenu d'avoir un Regiftre pour y enregiftrer les Actes de nomination des Collecteurs ou de refus par les Habitans d'en nommer, lequel fera coté & paraphé par le Préfident de ladite Election & par notre Procureur, conformément à l'article huit de la Déclaration du 9 Août 1723. lefquelles nominations de Collecteurs d'Office, ne pourront être faites que fur le réquifitoire dudit Satis. Treiziémement, que les taxes des Huiffiers fervant au recouvrement des Tailles de ladite Election feront faites tous les mois, ou plutôt fi befoin eft, dans la Chambre du Confeil, par le Préfident & deux Officiers de ladite Election en préfence du Procureur pour Nous, qui pour cer effet fera averti du jour & de l'heure, & feront les taxes faites & mifes au pied de chaque Exploit, Procès verbal de faifie, Emprifonnement & autres Actes, le tout fans frais. Quatorziémement, que les Jugemens rendus à l'Audience feront paraphés par celui qui aura préfidé dans les vingt-quatre heures au plutard, & ceux rendus par Rapport, figné par tous les Juges qui auroient affifté au Jugement trois jours après les Procès jugés : faire défenfes au Greffier d'en délivrer aucune expédition qu'ils n'ayent été fignés & paraphés, à peine de faux. Quinziémement que toutes les épices & vacations feront reçues par le Greffier de ladite Election, lequel fera tenu d'avoir un Regiftre particulier à cet effet fur lequel il écrira jour par jour ce qu'il recevra, dont il rendra compte aux Officiers de ladite Election toutes les fois qu'il en fera requis. Seiziémement, que ledit Satis en qualité de notre Procureur, aura pour fes épices la moitié des fommes que lefdits Officiers de ladite Election fe feront taxés pour leurs épices dans les Affaires Civiles, & les deux tiers des vacations, droits d'enregiftrement & épices mifes fur tous les Procès Criminels, que lefdits Officiers fe feront taxés. Dixfeptiémement, que les Officiers de ladite Election feront avertir ledit Satis par le Greffier ou Huiſſier de ladite Election des jours & heures des Cérémonies publiques, de ceux des Tranſports aux Foires, de celui du Département des Tailles pour y aſſiſter, comme auſſi des jours & heures des Aſſemblées qui ſe tiendront pour les Affaires de ladite Compagnie. Dix huitiémement, que l'Article 49 du Réglement du 3 Avril 1698. pour l'Election de Paris, ſera exécuté; en conſéquence, qu'il ſera fait, ſi fait n'a été, un Inventaire aux frais communs de la Compagnie, de tous les Titres, Lettres Patentes, Contrats, Arrêts & Sentences concernant le Corps de ladite Election, lequel Inventaire, dont ledit Satis pourra prendre un double, ſera enfermé dans l'Armoire commune fermante à trois clefs, dont le Préſident, un des Conſeillers qui ſera nommé & notre Procureur auront chacun une, dans laquelle Armoire ſeront auſſi remis les Regiſtres des Délibérations de ladite Election, leſquels Regiſtres, ainſi que l'Inventaire ſeront communiqués à tous les Officiers & audit Satis toutesfois & quant ils en requereront la communication verbalement; & au cas que par Délibération de la Compagnie il ſoit néceſſaire de tirer de ladite Armoire quelques titres & piéces, il ſeront remis entre les mains du Greffier qui s'en chargera & en donnera ſon récépiſſé qui ſera mis dans ladite Armoire, pour leſdites piéces être remiſes dans ladite Armoire quinzaine après qu'elles en auront été tirées. Oüi le Rapport de Me. Louis-Achilles Dionis du Séjour, Conſeiller, & tout conſidéré. NOTREDITE COUR a ordonné & ordonne.

ARTICLE PREMIER.

Que tous les Officiers de ladite Election ſe trouveront les jours & heures ordinaires & les plus convenables, tant aux Audiences, qu'aux Rapports, en la Chambre du Conſeil, avec le Greffier, s'ils n'ont cauſe légitime pour s'en abſtenir, & que ledit Satis ſera averti par un Huiſſier avant l'ouverture deſdites Audiences, & reconduit par ledit Huiſſier en ſon Parquet, auſquelles Audiences & Chambre du Conſeil tous leſdits Officiers ſeront tenus d'aſſiſter en robbe & bonnet quarré, même le Greffier, à peine d'interdiction.

I I.

Que ledit Satis donnera ses Conclusions de vive voix ou par
écrit généralement dans toutes les Causes, Instances, Procès
& autres Affaires qui seront jugées à l'Audience ou par rapport
en la Chambre du Conseil de ladite Election dans lesquelles
Nous, nos Fermiers, Receveurs & Commis, l'Eglise, les
Communautés, les Mineurs, Interdits & Absens auront intérêts.
Qu'il aura encore communication des Requêtes & Affaires con-
cernans les radiations des taxes des Particuliers, nullités de cotte,
translations de domiciles, instances d'ordre & de distributions
de deniers, quand lesdits Fermiers, Receveurs ou leurs Commis
y seront parties, pour raison des droits concernant lesdites Fermes & Recettes, même les Collecteurs pour la Taille, nominations & décharges des Collecteurs & Procureurs-Syndics,
élargissemens des Collecteurs emprisonnés à la Requête des
Receveurs, modérations de cotte, rejets de non-valeur &
autres impositions extraordinaires, demandes en solidité contre
les Paroisses par insolvabilité ou absence des Collecteurs, confiscations, conflits de Jurisdiction, contestations sur la validité
des démissions ou donations, ensemble de leur enregistrement,
demandes à fin de confection de nouveaux Rolles, réformations
d'abus, additions à iceux, rolles des Particuliers, cottisations,
obmises, radiations de Particuliers, cottisés en cas de priviléges,
pour par lui donner ses Conclusions. Fait deffenses ausdits Officiers de rendre aucunes Sentences dans ledit cas contradictoirement ou par défaut, sans que ledit Satis en ait eu communication & ait donné ses Conclusions, & au Greffier de les délivrer & signer qu'après lesdites Conclusions données & mention
faites d'icelles, avant la prononciation, à peine de nullité & de
tous dépens, dommages & intérêts.

I I I.

Que toutes les Instances & Affaires criminelles seront communiquées audit Satis pour donner ses Conclusions, sans qu'auparavant les Officiers de ladite Election puissent donner aucuns
Décrets, Réglemens à l'extraordinaire, ni rendre aucunes Sen-

tenres interlocutoires ou définitives, & que le Greffier les puisse
délivrer qu'après avoir fait mention des Conclusions dudit Satis,
lequel ne pourra conclure sur les dépens.

I V.

Que toutes les Requêtes à fin d'élargissement de Prisonniers,
enregistrement de Priviléges, annoblissement, réhabilitation de
noblesse, lettres d'affiéte, baux généraux & particuliers de nos
Fermes & Sous-Fermes, permission de faire égales, rejets de
non valeur, Requêtes à fin d'homologation d'Acte de démission
de biens, enthérinement de Priviléges, appositions & levée des
Scellés, interrogatoires, transports & descentes dans les Bureaux
& autres lieux publics, demandes à fin de main levée & décharge,
modération & condamnation d'amende, lui seront pareillement
communiquées.

V.

Que ledit Satis pourra faire ès Audiences & Chambre du
Conseil, toutes réquisitions & remontrances qu'il jugera à
propos pour notre intérêt & le devoir de ses charges, sur lesquelles les Officiers de ladite Élection seront tenus de statuer.
Enjoint au Greffier de rédiger par écrit lesdites réquisitions & re-
montrances télles qu'elles lui auront été dictées ou données par écrit
par ledit Satis.

V I.

Que toutes les Causes où ledit Satis sera seul partie en sesdites
qualités, seront appellées les premieres à l'Audience avant celles
des autres parties : seront les Avocats & Procureurs tenus de
lui communiquer la veille des jours d'Audience les Causes sujettes à communication; & ledit Satis pourra retenir les piéces
quand la matiére le requérera, jusqu'à l'Audience prochaine,
sans que les Officiers les puissent juger ni appointer qu'après
l'avoir oüi en ses Conclusions.

V I I.

Que ledit Satis en sadite qualité de notre Procureur, pourra faire la visite des Prisonniers toutesfois & quand il le jugera à propos, & sera statué sur ce qui sera avisé de convenable sur le rapport qu'il fera de l'état & des besoins des Prisonniers.

VIIL

Que lesdits Officiers seront tenus de faire leurs chevauchées suivant & aux termes de nos Edits & Déclarations bien & duement vérifiés en notre Cour, Arrêts & Réglemens; leur enjoint de mettre leurs Procès verbaux au Greffe de ladite Election incessamment & sans délai pour en prendre communication par ledit Satis, lequel assistera aux descentes & visites à faire dans les Paroisses où les Communautés & autres auront intérêt.

IX.

Que le Greffier de ladite Election sera tenu de délivrer sans frais audit Satis, toutes les expéditions des affaires où il sera seul partie, dont il aura besoin pour l'exercice de ses charges & de lui communiquer les minutes des Sentences, Procès-verbaux, Informations & autres Actes, sitôt qu'il en sera par lui requis, pour y prendre telles conclusions qu'il jugera à propos; comme aussi les Huissiers de ladite Election seront tenus de faire les significations nécessaires dont il les requérera, dans les affaires où il sera seul partie, pareillement sans frais, à peine contre lesdits Greffier & Huissiers d'interdiction de leurs Charges.

X.

Qu'il ne sera procédé en ladite Election à la reception d'aucuns Greffiers, Commis au Greffe, Procureurs, Huissiers, Receveurs des Tailles & leurs Commis, ensemble des Officiers de la Communauté des Controlleurs & Visiteurs du Papier, & autres Communautés qui se font recevoir en ladite Election, qu'après que leurs Provisions ou Commissions auront été communiquées audit Satis, & par lui pris des conclusions sur icelles, *& qu'il aura agréé les Témoins* qui seront entendus dans les Informations de vie & de mœurs; *que ledit Satis délivrera seul les Certificats de non parenté*, pour parvenir à l'obtention des Lettres de Proviſions qui ſeront expédiées pour les Officiers de ladite Election.

XI.

Que les Sentences & Jugemens intervenus ſur Procès Criminels, ſoit que ledit Satis ait été ſeul partie, ou partie jointe, lui ſeront montrés & prononcés en ſon Parquet, par le Greffier incontinent après qu'ils auront été rendus, deſquelles prononciations & réponſes qui y ſeront faites par ledit Satis, ſeront à l'inſtant les Actes dreſſés & inſerés par les Greffiers le tout avant que leſdites Sentences & Jugemens puiſſent être exécutés ni expédiés, & ce à peine de nullité, des dépens, dommages & intérêts & d'amende contre le Greffier.

XII.

Que le Greffier de ladite Election ſera tenu d'avoir un Regiſtre pour y enregiſtrer les Actes de nominations des Collecteurs ou de refus par les Habitans d'en nommer, lequel ſera cotté & paraphé par le Préſident de ladite Election *& par notre Procureur* conformément à l'Article VIII. de notre Déclaration du 9 Août 1723. leſquelles nominations de Collecteurs d'office, ne pourront être faites que ſur le requiſitoire dudit Satis.

XIII.

Que les taxes des Huiſſiers ſervant au recouvrement des Tailles de ladite Election, ſeront faites tous les mois, ou plûtôt ſi beſoin eſt, dans la Chambre du Conſeil, par le Préſident & deux Officiers de ladite Election *en préſence de notre Procureur*, qui pour cet effet ſera averti du jour & de l'heure, & feront les taxes faites & miſes au pied de chaque Exploit, Procès-verbal de ſaiſie, Empriſonnement & autres Actes, le tout ſans frais.

XIV.

Que les Jugemens rendus à l'Audience, ſeront paraphés par celui qui aura préſidé, dans les vingt-quatre heures au plûtard,

&

& ceux rendus par Rapport, fignés par tous les Juges qui auront affifté au Jugement trois jours après les Procès jugés.
Fait défenfes au Greffier d'en délivrer aucune expédition qu'ils
n'ayent été fignés ou paraphés à peine de faux.

X V.

Que toutes les Epices & Vacations feront reçûes par le
Greffier de ladite Election, lequel fera tenu d'avoir un Regiftre à cet effet, fur lequel il écrira jour par jour ce qu'il recevra dont il rendra compte aux Officiers de ladite Election,
toutes les fois qu'il en fera requis.

X V I.

Que ledit Satis, en qualité de notre Procureur, aura pour fes
Epices la moitié des fommes que lefdits Officiers fe feront
taxés pour leurs Epices dans les affaires Civiles, & les deux
tiers des Vacations, Droits d'enregiftrement, & Epices mifes
fur tous les Procès Criminels, que lefdits Officiers fe feront
taxés.

X V I I.

Que les Officiers de ladite Election feront avertir ledit
Satis par le Greffier ou Huiffiers de ladite Election, des jours
& heures des Cérémonies publiques, de ceux des transports
aux Foires, de celui du département des Tailles pour y affifter,
comme auffi des *jours & heures des Affemblées qui fe tiendront*
pour les affaires de la Compagnie.

X V I I I.

Que l'Article XLIX. du Réglement du 3 Avril 1698. pour
l'Election de Paris, fera exécuté ; en conféquence qu'il fera
fait, fi fait n'a été: un Inventaire aux frais communs de la
Compagnie, lequel fera parachevé dans un an, de tous les
Titres, Lettres Patentes, Contrats, Arrêts & Sentences concernant le Corps de ladite Election, lequel Inventaire, dont
ledit Satis pourra prendre un double, fera enfermé dans l'ar-

D

moire commune fermant à trois clefs, dont *le Préſident*, *un des Conſeillers qui ſera nommé*, *& notredit Procureur auront chacun une*, dans laquelle armoire ſeront auſſi remis les Regiſtres de Délibérations de ladite Election, leſquels Regiſtrés, ainſi que l'Inventaire, ſeront communiqués à tous les Officiers de ladite Election & audit Satis, toutefois & quand ils en requereront la communication verbalement ; & au cas que par Délibération de la Compagnie, il ſoit néceſſaire de tirer de ladite armoire quelques Titres & Piéces, ils ſeront remis entre les mains du Greffier qui s'en chargera & en donnera ſon récépiſſé qui ſera mis dans ladite armoire, pour leſdites Piéces être remiſes dans ladite armoire, quinzaine après qu'elles en auront été tirées ; Ordonne que le préſent Arrêt ſera inſcrit ſur les Regiſtres de l'Election de Paris * pour être exécuté ſelon ſa forme & teneur. SI TE MANDONS, mettre le préſent Arrêt à exécution de ce faire te donnons pouvoir. DONNE' à Paris, en la premiere Chambre de notredite Cour des Aydes le quinze Mars mil ſept cens cinquante-ſept, & de notre régne le quarante-deuxiéme. Collationné avec paraphe, par la Cour des Aydes. *Signé*, BESNIER, avec paraphe.

* Ceci n'a point encore été exécuté nonobſtant l'ordre de M. le Procureur Général adreſſé à M. le Préſident de l'Election dès le 7 Mai 1757.

ARREST DIFFINITIF SUR DE'LIBE'RE' rendu en la Cour des Aydes.

Du 30 Août 1757.

OBSERVATIONS préliminaires.

Pour parvenir en conſéquence de la *Déciſion de M. de Séchelles*, à la rédaction du projet de la Déclaration du Roi du 9 Septembre 1756. du Réglement du 15 Mars 1757. & au Jugement des autres objets des demandes du ſieur Satis, les Parties ont produit contradictoirement leurs Titres, Piéces & Mémoires en exécution de l'Arrêt rendu par la Cour des Aydes, qui avoit ordonné qu'elle en délibereroit ; elles ont encore été admiſes à propoſer leurs objections, moyens & défenſes, en

préfence de M. le Premier Préfident, & des Commiffaires par
lui affemblés à cet effet en fon Hôtel, & l'Arrêt du 30 Août
1757. n'eft intervenu qu'après l'expiration *des délais inutilement
accordés* aux Officiers de l'Election pour fe régler à l'amiable
avec le Procureur du Roi fur les objets jugés par cet Arrêt.

Extrait des Regiftres de la Cour des Aydes.

LOUIS, par la grace de Dieu, Roi de France & de Navarre : Au premier des Huiffiers de notre Cour des Aydes
à Paris, ou autre Huiffier ou Sergent fur ce requis : Sçavoir
faifons ; qu'Entre Mᵉ. Jean - Claude Satis, notre Confeiller,
Avocat & Procureur en l'Election de Paris, Demandeur aux
fins des Requête & Exploit du 4 Novembre 1750. d'une part,
& les Préfident, Lieutenant, Affeffeur, & Confeillers en ladite
Election, Défendeurs d'autre part ; Entre les Préfident & autres
Officiers de ladite Election, Demandeurs aux fins des Com-
miffion & Exploit des 20 & 21 Novembre 1754. donnés aux
Requêtes de l'Hôtel au Souverain, afin d'exécution d'un Arrêt
rendu au Confeil le 28 Octobre précédent, du payement de
la fomme de deux cens livres, non compris le Controlle pour
le coût dudit Arrêt du Confeil, & de la fomme de trois cens
foixante livres, pour la reftitution des vacations perçûes par
ledit Mᵉ. Satis pour fon affiftance des Commis de la Ferme
de la Marque d'Or & d'Argent, en conféquence d'un autre
Arrêt du Confeil du premier Janvier 1754. le tout, en quoi
il avoit été condamné par ledit Arrêt du Confeil du 28 Octobre 1754. fur laquelle demande introduite aux Requêtes de
l'Hôtel, il a été ordonné par Arrêt du 10 Janvier 1755. que
les Parties procéderoient en notredite Cour, d'une part, & ledit
Mᵉ. Satis, Défendeur d'autre part, & entre ledit Mᵉ. Satis,
Demandeur en Requête du 5 Février audit an 1755. tendante
à ce qu'en procédant à l'enregiftrement des Lettres Patentes
du 11 Novembre 1754. expédiées fur ledit Arrêt du 28 Octobre précédent, & en les expliquant & interprétant fur les Edits,
& Déclarations, Arrêts & Réglemens de notredite Cour, les
conclufions par lui prifes en l'Inftance au Confeil lui foient
adjugées nonobftant ledit Arrêt du 28 Octobre 1754. & autres

D ij

conclusions portées par ladite Requête, d'une part, & lesdits Officiers de l'Election de Paris, Défendeurs d'autre part : *Après que Babile, Avocat dudit Satis, & Paporet, Avocat des Officiers de l'Election ont été ouis*, & que par Arrêt du 18 Février 1755. notredite Cour a ordonné qu'*elle en délibérera*, & depuis en ayant délibéré ;

NOTREDITE COUR, a ordonné & ordonne que la Déclaration du 9 Septembre 1756. regiſtrée en icelle le 20 dudit mois, le Réglement fait par icelle le 15 Mars 1757. Enſemble les autres Réglemens (*a*), faits pour l'Election de Paris feront exécutés ſelon leur forme & teneur, en conſéquence faiſant droit ſur les différentes demandes des Parties, ordonne que la ſomme de mille livres accordée par chacune année pour le bois de chauffage des Officiers de l'Election de Paris, ſera employée pour le chauffage, tant des Parties de Paporet, que de celle de Babile en ſon Parquet, à l'effet de quoi ladite Partie de Babile *aura une clef du Bucher*, & s'il ſe trouve quelque excédent ſur ladite ſomme de mille livres après ledit chauffage, ainſi fourni à tous leſdits Officiers, ledit excédent ſera partagé par portion égale entre tous les Officiers, enſorte néanmoins que ladite Partie de Babile ait *deux parts*, l'une comme Procureur du Roi, & l'autre comme Avocat du Roi, ordonne que la ſomme de cent livres accordée par chacune année pour les menues néceſſités ſera employée ; tant pour celles de la Chambre d'Audience & Chambre du Conſeil, que pour celles du Parquet, & l'excédent, s'il y en a, ſera partagé comme deſſus ; Ordonne que ſur les ſommes qui ſe donnent pour aſſiſtance des Officiers de ladite Election aux Foires de Saint Laurent, de Saint Germain & de Saint Denis, feront prélevés les frais néceſſaires, & le ſurplus *partagé comme deſſus*, Ordonne que ladite Partie de Babile continuera d'avoir deux parts dans le droit du ſol par Bail, l'une comme Procureur du Roi, & l'autre comme Avocat du Roi, & qu'il aura en feſdites deux qualités deux parts dans toutes *les diſtributions, réparitions, revenans bons & autres ſommes qui entrent en bourſe commune*.

(*a*) Ceci confirme encore les Lettres Patentes expédiées ſur l'Arrêt du Conſeil du 19 Juillet 1757.

& *se partagent entre lesdits Officiers*, le tout conformément à
la Déclaration du 9 Septembre 1756. Ordonne que la distribution de la somme dix-huit mille cinq cens livres contenue
en l'Ordonnance accordée par chacune année ausdits Officiers
de l'Election, continuera d'être distribuée entre eux comme par
le passé (*a*). Ordonne que lesdites Parties de Paporet seront
tenues de restituer à celle de Babile toutes les sommes qui lui
reviennent aux termes, tant de ladite Déclaration du 9 Septembre 1756. que du présent Arrêt, & ce depuis *le* 5 *Juillet*
1747. *jour de sa réception*, à payer & vuider leurs mains, le s
Greffier & Trésorier contraints, quoi faisant déchargés, & à
cet effet fait main-levée de toutes oppositions qui pourroient
avoir été formées entre leurs mains par lesdites Parties de Paporet (*b*), & pour faire la liquidation de ce qui peut revenir
à ladite Partie de Babile, Ordonne que tous les comptes &
feuilles de distribution des années 1747, 1748, & suivantes,
ensemble toutes les autres Pièces nécessaires lui *seront communi-
niquées sur son récépissé* à sa premiere réquisition, & en cas de
contestation sur ladite liquidation, Ordonne pareillement que
ladite Partie de Babile sera appellée à *la reddition de tous les
comptes* des Receveurs de la bourse commune & du Greffier,
& à toutes les répartitions dans lesquelles il sera employé conformément à ladite Déclaration du 9 Septembre 1756. & au
présent Arrêt, sur le surplus de toutes les autres demandes,
fins, & conclusions des Parties, les a mis hors de Cour sans
dépens entre les Parties. Si TE MANDONS, mettre le présent Arrêt à exécution selon sa forme & teneur, de se faire te
donnons plein pouvoir & commission. DONNE' à Paris en

(*a*) Les Officiers de l'Election prétendoient au contraire, qu'il falloit
suivre la répartition actuelle, dont on a démontré l'erreur, en ce que l'opé-
ration devant se faire suivant le montant des Gages de chaque Officier,
ceux attribués aux Offices de Conseiller, Avocat & Procureur du Roi,
avoient été frauduleusement réduits à 4004 livres, au lieu de 6144 livres,
à quoi il a été prouvé qu'ils se montoient en 1656. pourquoi on a de-
mandé la représentation du premier Etat de distribution des 18500 livres :
Ce qui a encore été refusé ; il est aisé de sentir le motif de ce refus.

(*b*) Ces oppositions ont été faites en exécution de l'Arrêt du 28
Octobre 1754.

la premiere Chambre de notredite Cour des Aydes, le trente Août l'an de grace mil sept cens cinquante-sept, & de notre régne le quarante-troisiéme. Collationné avec paraphe par la Cour des Aydes. *Signé*, DESORMES, avec griffe & paraphe.

Et au-deffous eft écrit. Le dix-sept Septembre mil sept cens cinquante-sept, signifié & baillé copie à Me. Horry Procureur, en son domicile, en parlant à son Clerc. *Signé*, CRESPIN, avec paraphe.

OBSERVATIONS.

Le sieur Satis a fait sommer Messieurs les Officiers de l'Election par Acte du 24 Septembre 1757. de satisfaire à cet Arrêt, de lui communiquer l'Inventaire des Titres de la Compagnie & des Piéces qui lui ont parus nécessaires pour parvenir à la liquidation des sommes dont le payement est ordonné en sa faveur, depuis l'année 1747. & qui forment un objet de plus de 10000 livres, au moyen des 1500 livres qui lui reviennent par année dans les 18500 livres, au lieu des 1000 livres qui lui étoient seulement distribués, & pour avoir cette communication, il leur a déclaré qu'il se trouveroit à la huitaine en leur Bureau, accompagné d'un Huissier de la Cour, qui dresseroit du tout son Procès-verbal.

Et le premier Octobre suivant le sieur Satis s'étant rendu en son Parquet & ayant fait réiterer la sommation précédemment faite; Messieurs les Officiers de l'Election ont dit « qu'ils pro-
» testent de nullité de tout ce qui a pu & pourroit être fait par
» ledit sieur Satis au préjudice de la Signification qui lui a été
» faite le jour d'hier à la Requête des Sieurs Président, Lieute-
» nant, Assesseur & Conseillers du Roi & Elus en l'Election de
» Paris, par Desestre, Huissier au Conseil, dans les termes de
» laquelle Signification ils se renferment & y persistent. »

Ceci annonce un vœu général de protestation de toute la Compagnie; cependant cet Acte est seulement signé Giffey, Fromont, Ringuet, Bailly, Petit, & la Pourielle, quoiqu'il y eût ce jour là plus de douze Conseillers, (ce qui peut se vérifier par la feuille de l'Audience,) les autres ont sans doute prévu les suites d'une protestation aussi extraordinaire : mais avant de

faire aucunes réflexions sur cette Réponse, il convient de rap
porter l'Acte qui y est énoncé.

“ A la Requête des Président, Lieutenant, Assesseur & Con-
» seillers du Roi Elûs en l'Election de Paris, qui ont fait élection
» de domicile en la maison de Me. Charles Bocquet de Tilliere,
» Avocat aux Conseils du Roi, (a) rue Sainte Croix de la
» Bretonnerie, Paroisse Saint Jean en Grève à Paris;

» Soit signifié & déclaré au sieur Satis, Procureur & Avocat
» du Roi de ladite Election.

» Qu'aux termes du Réglement du Conseil de 1738, seconde
» partie des Incidens, ils se sont pourvus au Conseil *en cassation*
» de l'Arrêt de la Cour des Aydes de Paris, du 30 Août dernier,
» & de la signification qui leur a été faite à sa Requête le 24
» Septembre présent mois, comme ledit Arrêt étant rendu pour
» l'exécution de la Déclaration du 9 Septembre 1756, dont les
» dispositions sont expliquées & interprétées par icelui, sans
» qu'ils ayent formé aucune demande en ladite Cour à ce sujet,
» *en quoi ledit Arrêt est attentatoire à l'autorité de Sa Majesté & de
» son Conseil*, saisi d'une contestation pendante entre les Parties,
» pour la révocation, & en tout cas, pour l'explication & in-
» terprétation de ladite Déclaration, & en outre se trouve con-
» traire à l'Arrêt du Conseil du 18 Octobre 1754, qui a jugé
» contradictoirement toutes les contestations d'entre les Parties,
» protestant en conséquence, & pareillement aux termes dudit
» Réglement, de nullité de toutes poursuites & procédures que
» ledit sieur Satis pourroit faire en conséquence dudit Arrêt &
» dudit Exploit de signification, ailleurs qu'au Conseil au Bureau
» de Monsieur d'Ormesson, Intendant des Finances, ès mains
» duquel ils ont remis leur Requête en cassation avec les piéces
» y énoncées & jointes, & de répéter contre lui tous dépens,
» dommages & intérêts, dont Acte. *Signé*, Bocquet de Tilliere,
» & signifié le 30 Septembre 1757.

La seule lecture de cette Signification annonce un esprit de
révolte contre toute autorité supérieure; Messieurs les Officiers
de l'Election n'y respectent ni le Roi, ni les Ministres, ni le
Conseil, ni la Cour des Aydes qui ont concouru depuis plus

(a) Le nom de cet Officier, ne sera pas inconnu à la Cour des Aydes.

de trois années à rétablir le bon ordre & l'union si nécessaire au bien public, ils menacent de faire révoquer une Déclaration du Roi enregistrée, & de faire casser toutes Décisions, tous Arrêts du Conseil & de la Cour des Aydes qui leur sont contraires.

Comme il ne s'agit pas de se défendre contre une prétention aussi peu réfléchie qu'elle est téméraire, on se contentera de faire quelques observations sur cet Acte du 30 Septembre 1757.

Messieurs les Officiers de l'Election se sont pourvus au Conseil en cassation de l'Arrêt du 30 Août dernier; leur moyen est fondé sur ce qu'il est intervenu contre la disposition du Réglement de 1738. seconde partie des Incidens, au préjudice d'une contestation pendante, entre les Parties, au Conseil, pour la révocation &, en tout cas, pour l'explication de la Déclaration du 9 Septembre 1756.

C'est une supposition mal concertée que cette prétendue contestation pendante au Conseil sur la révocation ou explication de la Déclaration du Roi, le sieur Saris n'en a pas eu la moindre connoissance; est-il donc permis d'en imposer aussi grossierement: il n'y a pas plus d'exactitude sur la citation du Réglement de 1738. on n'a rien trouvé dans l'Article II. qui puisse soutenir l'induction que l'on veut en tirer contre l'Arrêt de la Cour des Aydes du 30 Août dernier. C'est à l'Article XVI. qu'il faut avoir recours; voici comme il s'explique: « Les dis- » positions des deux Articles précédens auront pareillement lieu » à l'égard des demandes en cassation de Procédures attenta- » toires à l'autorité du Conseil, qui seront formées dans le cours » d'une Instance, *& ne pourront être compris* » dans lesdites de- » mandes d'autres Arrêts ou Jugemens que ceux qui auroient » été rendus *au préjudice des défenses faites par le Conseil ni pareil-* » *lement,* &c.

* Prohibition bien formelle, & qui doit faire annuller la Requête des Elûs.

1°. Il n'est permis par cet Article de se pourvoir, que contre les Jugemens rendus *au préjudice des défenses* faites par le Conseil; les Elûs ne pouvant pas en rapporter qui ayent précédés l'Arrêt de la Cour des Aydes du 30 Août dernier, leur Requête en *cassation est nulle,* & tout ce qui s'en est ensuivi, ou pourroit s'en suivre; il y a même lieu de présumer que le Conseil bien loin d'adopter leur Requête, sévira contre une contravention aussi formelle à un Réglement dont il ne s'est jamais

jamais écarté ; cette contravention est d'autant plus répréhensible, qu'elle a eue pour objet d'en imposer aux Ministres, de surprendre leur religion, & de perpétuer des chicanes, qui dégénèrent en vexations, & que nulle autorité n'a pue réprimer jusqu'à présent.

2°. Il faut donc rapporter *des défenses faites par le Conseil*, de procéder devant les Juges ordinaires, & elles devenoient d'autant plus nécessaires dans l'espéce présente, que la connoissance des contestations d'entre les Parties avoit été renvoyée à la Cour des Aydes, 1°. par les Lettres Patentes intervenues sur l'Arrêt même du 28 Octobre 1754. ce qui avoit fort déplu à Messieurs les Officiers de l'Election qui s'étoient pourvûs *aux Requêtes de l'Hôtel* pour l'exécution de cet Arrêt & qui ont été obligés de revenir à la Cour des Aydes. 2°. *Par la Décision de M. de Séchelles*, sur les représentations de la Cour des Aydes. 3°. Et enfin, par la Déclaration du Roi du 9 Septembre 1756. indépendamment de la compétence établie par nombre d'Edits & par l'Arrêt du Conseil du 13 Décembre 1672.

Au lieu des défenses prescrites par l'Article XVI. du Réglement de 1738. Messieurs les Officiers de l'Election annoncent un Certificat de M. de la Peyre, qui atteste que le 6 *Octobre* 1756. ils ont présenté une Requête en révocation ou interprétation de la Déclaration du 9 Septembre 1756. Ne faut-il pas s'aveugler soi-même, pour oser soutenir que cette Requête qui n'a pas été répondue depuis plus d'une année, ni seulement notifiée au sieur Satis, ait formé une Instance qui ait dû empêcher la Cour des Aydes de prononcer son Arrêt du 30 Août 1757 ?

Le second moyen de Cassation annoncé par l'Acte du 30 Septembre 1757. est fondé sur ce que l'Arrêt du 30 Août a été rendu sans que les Officiers de l'Election ayent formé aucune demande.

Messieurs les Officiers de l'Election n'avoient point de demande à former, mais à se défendre de celles du sieur Satis, qui réclame depuis si long-temps contre des usurpations de toutes espéces, & s'ils étoient de meilleure foi, ils conviendroient que la Cour des Aydes n'a prononcé, qu'après avoir entendu les Parties dans leur objections & défenses, & sur

E

leur mémoires particuliers *en l'Hôtel & présence de M. le Premier Président & des Commissaires de la Cour.*

Mais, dit-on, la Déclaration du Roi, est contraire à l'Arrêt du Conseil du 28 Octobre 1754, on en convient, M. de Séchelles & les autres Ministres qui ont concourus pour la faire rendre, ont eu sans doute de bons motifs pour s'y déterminer; quoiqu'il en soit, il est fort ordinaire qu'il soit dérogé à un Arrêt du Conseil par une Déclaration du Roi, mais il est sans exemple, qu'il ait été rendu un Arrêt du Conseil qui suspende l'effet d'une Déclaration du Roi, aussi les Officiers de l'Election qui n'ont pû en obtenir depuis plus d'une année, ont-ils imaginé par un rafinement de chicane, d'attaquer l'Arrêt de la Cour des Aydes du 30 Août dernier, qui en ordonne l'exécution, Ce qui produiroit le même effet s'ils réussissoient.

Cet Arrêt, selon les Officiers de l'Election, a entrepris sur l'autorité du Conseil, & ce moyen est suffisant pour le faire casser; on a déja fait voir la fausseté de cette allégation, mais il y a plus; comment concilier cette connoissance que l'on suppose que la Cour des Aydes a eûe des Remontrances faites contre la Déclaration du 9 Septembre 1756. & qui sert de prétexte au moyen de cassation, avec les Mémoires & Piéces produis en la Cour des Aydes par les Officiers de l'Election, & leurs sollicitations auprès des Juges, *postérieurement au 6 Octobre 1756.* pour prévenir les dispositions de l'Arrêt du 30 Août dernier? Quoi on ne pourra pas faire révoquer une Loi parce qu'elle est revêtue du caractere auguste de l'autenticité, & ce qui produiroit le même effet, l'on suspendroit des répétitions autorisées par un Arrêt qui en ordonne l'exécution, *& par ce moyen on rendroit la Loi inutile,* on ne peut trop le répéter, des subterfuges aussi criminels ne peuvent & ne doivent point trouver de Protecteurs, de quel œil doit on regarder les démarches des Officiers de l'Election, lorsqu'on reconnoîtra qu'ils s'étoient ménagés d'avance par une Requête au Conseil sur laquelle ils ont observé un secret inviolable, une ressource dont ils ne devoient faire usage qu'autant que l'Arrêt de la Cour des Aydes, ne leur seroit pas favorable.

Ce n'est pas seulement la Déclaration du Roi du 9 Septembre 1756. & l'Arrêt de la Cour des Aydes du 30 Août dernier, *(qui ne fait qu'en ordonner l'exécution)* que Messieurs les Officiers de l'Election voudroient faire annuller, ils nous apprennent qu'ils se sont encore pourvûs par Remontrances contre l'Arrêt du Conseil du 19 Juillet 1757. & les Lettres Patentes expédiées sur icelui.

A l'égard de l'Arrêt du 19 Juillet 1757. ils prétendent qu'il ne doit pas y avoir plus de difficulté à le révoquer, qu'il n'y en a eu à révoquer celui du premier Janvier 1754.

Le seul paralelle des deux Arrêts doit en faire sentir la différence, & par conséquent faire voir que l'exemple de l'un, ne doit pas faire la régle de l'autre, en effet l'Arrêt du premier Janvier 1754. étoit susceptible de révocation comme le sont en général toutes les Commissions, par la seule volonté du Ministre qui l'avoit accordé, il y avoit aussi un motif apparent pour obtenir cette révocation fondé sur le préjugé, peut être trop favorable au sieur Satis, dans une Instance lors indécise pour le même fait.

Mais il n'en est pas de même de l'Arrêt du 19 Juillet 1757. qui a pour base la Déclaration du 9 Septembre 1756. il est inattaquable en la forme & au fond; en la forme, parce qu'il a été expédié sur cet Arrêt des Lettres Patentes qui ont été ainsi que la Déclaration, enregistrés purement & simplement en la Cour des Aydes; au fond, parce que cet Arrêt a acquis la même autenticité que la Loi qu'il a interpretté.

Nos Rois n'ont pas seulement le droit de faire des Loix, ils se sont encore réservés celui de les interpréter, c'est la disposition expresse de l'Article III. du Titre premier de l'Ordonnance de 1667. qui est en cette partie conforme au Droit Romain, par conséquent l'obéissance & la soumission sont autant dûes à l'interprétation qu'à la Loi même, puisqu'elles sont l'une & l'autre l'ouvrage du Souverain.

On peut cependant former opposition au Sceau d'une Déclaration du Roi ou de Lettres Patentes, on peut encore former opposition à leur enregistrement; mais si l'on a négligé ces deux moyens qui sont les seuls qui soient permis, (leur enregistrement fait) toute autre voye est interdite, on ne peut mieux convaincre Messieurs les Officiers de l'Election de cette vérité, qu'en rapportant un Arrêt du Conseil rendu contradictoirement avec eux dans une espèce absolument semblable : ils ne doivent pas avoir oublié qu'à l'occasion d'une Déclaration du Roi du 11 Janvier 1736. intervenue en faveur des Présidens des Elections, ils se croient autorisés à faire des réserves contre l'enregistrement en leur Siége, & même à présenter au Conseil des Requêtes & Mémoires en forme de Remontrances contre cette Déclaration du Roi. Voici l'Arrêt qui a été rendu, sur leurs réserves & *Remontrances.*

ARREST DU CONSEIL D'ÉTAT DU ROI.

Du 29 Mai 1736.

Extrait des Régistres du Conseil d'État.

» LE ROI étant informé que sur le requisitoire du Substitut du Procureur Général de la Cour des Aydes en
» l'Election de Paris, tendant à l'enregistrement de la Déclara-
» tion du Roi 11 Janvier de la présente année, qui attribue au
» Président de chaque Election & Grenier à Sel du Royaume,
» le pouvoir de faire seul, les fonctions de Lieutenant Criminel,
» quelqu'uns des Officiers de ladite Election y avoient fait dif-
» ficulté, ensorte que le Président, Lieutenant, & quelqu'autres
» de la Compagnie s'étant retirés, ceux qui étoient restés au-
» roient prononcé l'enregistrement de ladite Déclaration avec
» réserve de faire leurs très humbles représentations, quoique
» l'enregistrement en eût été ordonné purement & simplement
» en la Cour des Aydes, que depuis quelqu'uns desdits Officiers
» auroient prétendu s'opposer à l'exécution de ladite Déclara-
» tion, & ont fait plusieurs autres protestations, tendantes à
» troubler le sieur Aunillon, Président de ladite Election dans
» les fonctions qui lui sont attribuées par ladite Déclaration.
» *Vû sur ce la Requête présentée par les Officiers de ladite Election de*
» *Paris en forme de Remontrances,* le Mémoire donné pour ré-
» pondre à ladite Requête par le sieur Aunillon, & autres Mé-
» moires donnés ensuite, tant de la part desdits Officiers de
» l'Election, que de celle dudit sieur Président, & Sa Majesté

» jugeant néceſſaire de REPRIMER UNE CONDUITE AUSSI IRRE-
» GULIERE de la part deſdits Officiers, & une DESOBEISSANCE
» AUSSI MARQUEE. Oui le rapport du ſieur Orry, Conſeiller
» d'Etat & au Conſeil Royal, Controlleur Général des Fi-
» nances.

» LE ROI ETANT EN SON CONSEIL, a caſſé &
» caſſe l'enregiſtrement fait avec réſerve le 20 Février dernier
» en ladite Election de Paris, de la Déclaration du 11 Jan-
» vier précédent, qui attribue au Préſident de chaque Election
» & Grenier à Sel du Royaume, le pouvoir de faire ſeul les
» fonctions de Lieutenant Criminel, en conſéquence a ordonné
» & ordonne, que ledit *enregiſtrement ſera rayé & biffé*, qu'il
» ſera procédé à un nouvel enregiſtrement pur & ſimple de la-
» dite Déclaration, pour être exécutée ſelon ſa forme & teneur,
» & en tout ſon contenu. Faiſant Sa Majeſté, très-expreſſes
» inhibitions & défenſes aux Officiers de ladite Election de
» Paris, de faire à l'avenir de pareilles réſerves ni *aucuns Actes*,
» tendant à troubler ledit ſieur Aunillon, Préſident en ladite
» Election dans les fonctions qui lui ſont attribuées par ladite
» Déclaration. Et ſera le préſent Arrêt *enregiſtré au Greffe de*
» *l'Election*, & exécuté nonobſtant oppoſitions ou autres em-
» pêchemens quelconques, pour leſquels ne ſera différé. FAIT
» au Conſeil d'Etat du Roi, Sa Majeſté y étant, tenu à Ver-
» ſailles le vingt-neuf Mai mil ſept cens trente-ſix.
» *Signé*, PHELYPEAUX.

*Regiſtré au Greffe de l'Election de Paris, oüi, & ce requerant le Procu-
reur du Roi, pour être exécuté ſelon ſa forme & teneur, ſuivant la Sentence
du ſeize Juin mil ſept cens trente-ſix.* Signé, AUNOUILLAN.

« Tel fut alors le malheureux ſort des Remontrances de Meſ-
ſieurs de l'Election de Paris, contre une Déclaration du Roi
enregiſtrée, qui leur ôtoit la concurrence, pour l'inſtruction
des affaires Criminelles, autoriſée par la réunion au Corps de
l'Election de l'Office de Lieutenant Criminel, ils ne doivent
donc pas eſpérer d'être traités plus favorablement dans leur
Remontrances contre la Déclaration du 9 Septembre 1756.
contre les Lettres Patentes expédiées, ſur l'Arrêt du Conſeil
du 19 Juillet 1757. Elles ſont l'une & l'autre émanées de l'autorité du Souverain. Elles ſont enregiſtrées en la Cour des

Aydes. Elles ont par conséquent la même autenticité de la Déclaration du Roi du 11 Janvier 1736. On peut donc dire, (sans s'exposer à aucun reproche) (a) que leur différentes Requêtes sont véritablement attentatoires à l'autorité du Roi, que c'est de leur part une désobéïssance trop marquée, d'autant plus condamnable que l'Arrêt du 29 Mai 1736. leur avoit appris qu'il n'y avoit aucune voye permise pour attaquer une Loi revêtue d'un enregistrement pur & simple en Cour Supérieure.

Messieurs les Officiers de l'Election ne sont pas mieux fondés dans leur Requête en cassation de l'Arrêt de la Cour des Aydes du 30 Août 1757. ils ont faussement avancé que cette Cour étoit contrevenue au Réglement de 1738. puisque le sieur Satis, en apprenant pour la premiere fois par leur Acte du 30 Septembre 1757. qu'ils s'étoient pourvûs dès le 6 Octobre 1756. contre la Déclaration du Roi a sçû en même temps que leur Requête étoit demeurée sans réponse (b) dans les Bureaux du Ministre auquel ils l'ont présentée, ce qui par conséquent n'a pas pû former une Instance au Conseil comme on l'a supposé. *Signé*, SATIS.

(a) *Vide*, l'Acte du 30 Septembre 1757. dans lequel les Officiers de l'Election ont osé taxer la Cour des Aydes d'avoir attenté à l'autorité du Roi, par son Arrêt du 30 Août 1757.

(b) Comment cette Requête auroit elle été répondue d'après l'Arrêt du Conseil du 29 Mai 1736?